Verena Philipp

Zauberhafte Weihnacht

Kränze und Gestecke

frech-verlag

Auflage: 7. 6. 5.
Jahr: 1997 96 95
Letzte Zahlen maßgebend

ISBN 3-7724-1596-2 · Best.-Nr. 1596
Druck: Frech-Verlag GmbH + Co. Druck KG, D-70499 Stuttgart

Adventszeit – jedes Jahr die Zeit, in der am meisten gebastelt wird und die Kreativität in allen Bereichen hoch im Kurs steht.

In der Natur finden wir das ganze Jahr über eine Vielzahl Blüten, Pflanzen, Zapfen und Blätter, die getrocknet zusammen mit Seidenblumen und Dekorationsmaterial aus den Fachgeschäften zu reizvollen Arrangements verarbeitet werden können. Nostalgische Materialien sind dabei stark im Kommen. Die verwendeten Notenblätter, Instrumente, Kugeln und Engel sind Vertreter dieses Stils. Die häufig eingesetzten Goldkugeln, Goldpuder und Goldbouillondraht unterstreichen ebenfalls die romantische Richtung der Kränze und Gestecke.

Die Arbeitsweisen der ersten vier Modelle sind durch Schritt-für-Schritt-Fotos anschaulich gemacht. Sie sollen Ihnen helfen, den grundsätzlichen Aufbau dieser und gleichartiger Gestecke nachzuvollziehen.

Dieses Buch soll Sie inspirieren, mit eigenem gestalterischen Geschick und mit den Ihnen vorliegenden Materialien und Hilfsmitteln neue Wege und Ideen zu finden, um Ihre Wohnung für die Advents- und Weihnachtszeit stimmungsvoll zu schmücken.

Steckschaumunterlage, 12 cm ø
Efeublätter
Moos
Golddraht
verschiedene Seiden-Rosen
Deko-Früchte
Perlen, Goldsternchen
Sprühkleber, Goldpuder
weißer Tüll

Den Kranz zu zwei Dritteln mit Efeublättern und zu einem Drittel mit Moos bedecken und mit Golddraht fixieren.

Die Rosen und Deko-Früchte werden im Moos arrangiert.

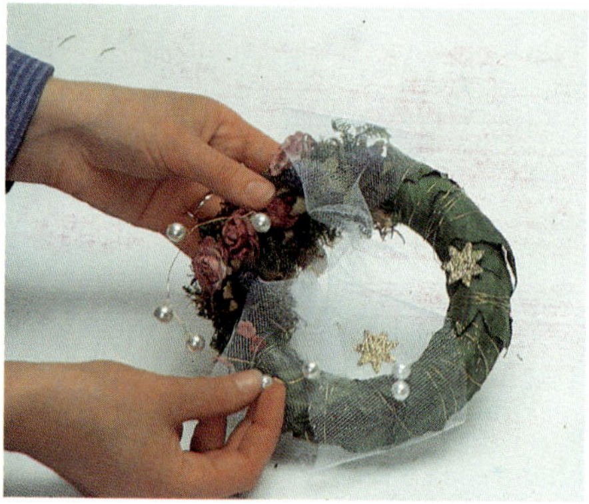

Den Tüll locker anordnen und den restlichen Schmuck aus Goldsternchen und Perlen aufkleben. Den gesamten Kranz leicht mit Goldpuder bestäuben.

Drahtreif, ca. 20 cm ø
Wickeldraht
Nobilistannenzweige
4 angedrahtete Stumpenkerzen
4 Zimtstangen, mit Golddraht umwickelt
4 angedrahtete Wachsblätter
4 Schleifen aus je 0,80 m goldfarbenem Band
Kette, Goldpuder

Aus Grünresten auf den Drahtreif einen Wulst binden. Darauf mit Wickeldraht aus Nobilistannenzweigen einen kompakten, gleichmäßigen Kranz binden.

Die vier Kerzen symmetrisch einstecken, und am Kranzboden die Drahtenden wieder zurückstecken.

Jeder Kerze eine nach außen weisende Schleife zuordnen. Die Blätter und Zimtstangen zwischen den Kerzen einstecken bzw. ankleben. Nun den Kranz locker mit Ketten umschlingen.

Terrakottatopf, 10 cm x 10 cm
Steckschaum, evtl. etwas Moos
Nobilistannenzweige
Zuckerhutfichte
Efeuranken
verschiedene Deko-Früchte
Goldspray
Goldbouillondraht

Den Steckschaum in den Topf einpassen und mit wenig Moos bedecken. Nun die Efeuranke einstecken.

Rundum die Grünzweige arrangieren und mit Deko-Früchten und der Notenrolle schmücken.

Mit etwas Goldspray besprühen und mit Goldbouillondraht umschlingen.

Tontopf, goldfarben besprüht, ca. 8 cm ø
Steckschaum, Moos
bordeauxfarbene, angedrahtete Deko-Kugel
Säulenscheinzypresse
Weizen
Seiden-Rosen
Seiden-Efeublätter
bordeauxfarbene Kordel
Goldsternchen, Goldpuder

Den Steckschaum in den Tontopf einpassen, mit Moos bedecken, und die mit Goldsternchen beklebte Deko-Kugel aufstecken. Die Kordel locker um die Kugel legen, und mit Klebstoff fixieren. Mit Efeublättern schmücken.

Nun rundum gleichmäßig die Zypressenzweige arrangieren.

Die linke Seite mit den drei Ähren und den Seidenrosen verzieren. Abschließend die Kugel mit Goldpuder bestäuben.

Beschreibung zu Seite 12

Weinrebenkranz, ca. 20 cm ø
lila Bambusstäbe
kleine Silberzypressenzweige
verschiedene Seiden-Blütenranken
unterschiedlich große Stoffkugeln
3 Notenrollen
ca. 0,60 m lila Kette

Die Kette als Aufhängung am Weinrebenkranz anknoten. Die Bambusstäbe in zwei Gruppen zusammendrahten. An der linken Kranzhälfte die Dekoration aus Zypressenzweigen, Stoffkugeln und Blütenranken festkleben. Die zwei Bambusstabgruppen fixieren, und die Notenrollen anordnen.

Weinrebenkranz, 22 cm ø ▶
Goldkette, 0,50 m lang
rote Seiden-Weihnachtssterne
Seiden-Efeuranken
Notenband
Notenkugeln, mit Golddraht umwickelt
3 Deko-Döschen bzw. -Kugeln
Golddraht

Die Goldkette als Aufhängung am Kranz befestigen. Die Efeuranken um den Kranz schlingen, und die Weihnachtssterne in Gruppen dazwischen kleben. Das Notenband befestigen, und die Deko- und Notenkugeln arrangieren. Einen festlichen Effekt erzielt man durch lockeres Umwickeln mancher Kugeln mit Golddraht.

Beschreibung zu Seite 13

Weinrebenkranz, ca. 22 cm ø
rotes Rupfenband, als Schleife 0,70 m,
als Aufhängung ca. 0,50 m
Golddraht
hellgrünes Ziergras
Nobilistannenzweige
Deko-Kugeln
Goldzapfen
Holzanhänger

Das Rupfenband zusammen mit der Schleife am Kranz anknoten. Das Ziergras in zwei Gruppen zusammen mit kurzen Nobilistannenzweigen an der linken Kranzhälfte festkleben. Mit Deko-Kugeln, an Golddraht befestigten Zapfen und den Holzanhängern den Kranz weihnachtlich schmücken. Eventuell kann noch mit Golddraht ein zusätzlicher Effekt erzielt werden.

harps of gold
will to men, from

Drahtreif, 18 cm ø
Wickeldraht
Säulenwacholderzweige
4 rote Stumpenkerzen, angedrahtet
4 Schleifen aus je 0,80 m Band
2 Deko-Kugeln, angedrahtet
2 Deko-Engel, angedrahtet
2 Notenblätter, angedrahtet

Auf den Drahtreif zuerst einen Wulst und anschließend einen gleichmäßigen Kranz aus Wacholderzweigen binden. Die Stumpenkerzen in gleichen Abständen einstecken und mit je einer Schleife versehen. Jeweils gegenüberliegend die beiden Deko-Kugeln sowie die Deko-Engel arrangieren. Jetzt noch die beiden Notenblätter einstecken.

Drahtreif, 20 cm ø
Wickeldraht
Nobilistannenzweige
4 angedrahtete Stumpenkerzen
2 lila Tillandsienkugeln, angedrahtet
lila-melierte Glaskugeln, angedrahtet
Goldsternchen
2 Schlingen aus je 0,70 m lila Band
1 m lila Band zum Umschlingen

Auf dem Drahtreif einen Wulst fertigen und mit gleichmäßigen Nobilistannenzweigen einen kompakten Kranz binden. Die angedrahteten Stumpenkerzen asymmetrisch einstecken, und in der gegenüberliegenden Kranzhälfte die beiden Schleifen zusammen mit den zwei Tillandsienkugeln arrangieren. Das 1 m lange Band wirkungsvoll um den Kranz schlingen, und die Bandenden zwischen Schleifen und Kugeln verstecken. Die Goldsternchen aufkleben, und die Kugeln in Gruppen anordnen.

Drahtreif, 22 cm ø
Wickeldraht
Zuckerhutfichtenzweige
4 Stumpenkerzen
bordeauxfarbene Bambusstäbe
Silberdraht
Deko-Früchte
lila Band, 0,50 m lang
Silberpuder, Mistelzweige

Auf den vorbereiteten Wulst mit Zuckerhutfichten- und Mistelzweigen einen kompakten Kranz binden. Die vier mit Silberdraht umwickelten Kerzen in einer Gruppe einstecken, und gegenüberliegend die Deko-Früchte und die mit Silberdraht umwickelten Bambusstabgruppen arrangieren. Abschließend das Band über den Kranz legen und mit Silberpuder bestreuen.

Drahtreif, 22 cm ø
Wickeldraht
Nobilistannenzweige
4 bordeauxfarbene Stumpenkerzen
2 bordeauxfarbene Styroporkugeln
Kordel
Hanf
verschiedene Seiden-Blüten

Auf den Drahtreif aus Grünresten und Wickeldraht einen Wulst binden. Die Nobilistannenzweige unregelmäßig nach außen schwingend aufbinden. Die Kerzen in einer Gruppe arrangieren. Gegenüberliegend die beiden mit Kordel umschlungenen Kugeln anordnen. Kleine Gruppen Seidenblumen sowie feine Hanfstreifen aufkleben.

Drahtreif, 18 cm ø
Wickeldraht
blauer Kriechwacholder
4 weiße Stumpenkerzen
4 Schleifen aus je 1 m Band
weiße Seiden-Blumen
Perlen an Golddraht
Goldspray, Golddraht

Auf den Drahtreif einen Wulst aufbringen und darauf aus blauem Kriechwacholder einen gleichmäßigen Kranz binden. Die Kerzen einstecken, und bei jeder Kerze eine Schleife einfügen. Dazwischen die Seiden-Blumen und Perlen arrangieren. Den Kranz mit etwas Golddraht überspannen und mit Goldspray besprühen.

Drahtreif, 20 cm ø
Wickeldraht
Nobilistannenzweige
4 Stumpenkerzen
4 Mandarinen mit Golddraht und Nelken
4 Zimtstangen mit Golddraht
Kokosschnur, 2 x 0,80 m
Notenband mit Golddraht
Misteln

Auf dem Drahtreif einen Wulst anlegen, und darauf einen kompakten Nobiliskranz binden. Die vier angedrahteten Kerzen in zwei Gruppen anordnen und jede Kerzengruppe mit einer Schleife aus Kokosschnur und eingeklebten Mistelzweigen schmücken. In den großen Zwischenräumen die Notenbandschleifen zusammen mit den Mandarinen und den Zimtstangen arrangieren.

Beschreibung zu Seite 22

blaues Keramikgefäß, 20 cm lang
Steckschaum
blauer Kriechwacholder
2 rosa Stabkerzen, angedrahtet
Seiden-Efeu
Seiden-Hortensien
Deko-Engel
blaue Deko-Trauben
goldfarbene Deko-Kugeln an Golddraht
Goldbouillondraht

Das Keramikgefäß mit Steckschaum füllen und Wasser eingießen. Im hinteren rechten Teil die beiden Kerzen einstecken. Die Hortensien arrangieren, und rundum die Wacholderzweige locker nach außen schwingend anordnen. Die Efeuranken dazwischenlegen, und das Gesteck mit aufgeklebten Engeln, Goldkugeln und Deko-Trauben weihnachtlich schmücken. Eine dezente Goldbouillonschlinge einfügen.

Beschreibung zu Seite 23

grün-braun-melierter Korb
Folie
Steckschaum
weiße Seiden-Christrosen
Zimtstangen, mit messingfarbenem Draht umwickelt
Schwarzkiefernzweige
weiße Watte
messingfarbene Folie
Draht
2 Deko-Kugeln in unterschiedlichen Größen, angedrahtet

Den Korb mit Folie auslegen. Den Steckschaum leicht hügelförmig einpassen und den Korb mit Wasser füllen. In der rechten Korbhälfte die umwickelten Zimtstangen senkrecht parallel anordnen, daneben die Christrosen ebenfalls parallel einstecken. Dazwischen werden die Schwarzkiefernzweige senkrecht eingefügt. Rundum die messingfarbene Folie leicht zerknüllt dekorieren, und an der linken Korbseite mit einer großzügigen Schleife fixieren. Vor den Christrosen die Deko-Kugeln plazieren, und aus den Schwarzkiefernzweigen kleine Wattewölkchen hervorschauen lassen.

2 bordeauxfarbene Deko-Kugeln ▶
zweimal 0,50 m Goldband
blauer Kriechwacholder
bordeauxfarbene Deko-Tannenzapfen
bordeauxfarbene Zierkordel
Notenblätter mit Golddraht
Efeublätter

Das Goldband als Aufhängung an den Kugeln festkleben. Die Notenblätter einrollen und mit Golddraht fixieren. Nun die Kordeln mit Zierkordel, Zapfen, Blättern, Wacholder und den Notenblättern schmücken.

ovaler Henkelkorb
flacher Steckschaumwürfel
Säulenscheinzypressenzweige
Silberzypressenzweige
lila gefärbtes Getreide, mit Golddraht umwickelt
Seiden-Efeuranken
Seiden-Blumen und -Früchte in Lila
lange Zimtstangen
Goldsternchen
Goldkugeln
Goldbouillondraht
Schleife aus 0,60 m langem Band

Den Steckschaumwürfel in den Henkelkorb kleben. Die Grünzweige sowie das Getreide in Gruppen einstecken. Die mit Golddraht umwickelten und mit Goldsternen beklebten Zimtstangen quer unter dem Henkel anbringen. Die Seidenblumen in zwei Gruppen arrangieren. Im Hintergrund werden die Schleife eingesteckt und die Efeuranken zwischen dem Grün und dem Hafer durchgeschlungen. Die Goldkugeln ankleben und den Korb mit Goldbouillondraht locker umschlingen.

Ginsterzopf, 0,60 m lang
Papiernotenband
Plumosus
Seiden-Efeuranken
Holzgeige mit Draht
Deko-Engel
Deko-Goldkugeln
Goldbouillondraht

Den Ginsterzopf festlich mit Plumosus, einer großzügigen Notenbandschleife, den Efeuranken, Deko-Engeln und Goldkugeln bekleben. Den Goldbouillondraht in lokkeren Schlingen um die Schleife winden.

Keramiktopf, ca. 16 cm ø
Steckschaum
blauer Kriechwacholder
Blauzedernwacholder
Nobilistannenzweige
Misteln
Efeu
lachsfarbene Seiden-Rosen
goldfarbene Glaskugel, angedrahtet
2 Schleifen aus je 3 m Dekoband
goldfarbene Geige, angedrahtet

Den Keramiktopf leicht hügelförmig mit Steckschaum füllen und Wasser eingießen. Rundum kleine Gruppen Wacholder- und Nobilistannenzweige plazieren. In der Mitte in gleicher Höhe die Rosen einstekken, daneben die Misteln arrangieren. Die Glaskugel zusammen mit einer Schleife einfügen. Gegenüberliegend die Geige, ebenfalls mit einer Schleife dekoriert, anbringen. Nun die Efeuranken über den Topf schlingen.

rechteckiger Korb
Folie
Steckschaum
Blauzedernwacholderzweige
lila Stumpenkerze
3 Deko-Säckchen, angedrahtet
Glaskugeln
lila Bambusstäbe, angedrahtet
Notenbuch
Efeuranken, Knöterich
3 Schleifen aus je 0,80 m Band

Den Korb mit Folie auslegen, den Steckschaum einpassen und Wasser eingießen. Rundum die Nobilistannenzweige anbringen, und in der Mitte die Blauzedernwacholderzweige anordnen. Die Stumpenkerze einstecken und um die Kerze herum die Säckchen, Glaskugeln und Schleifen einstecken. Nun das Notenblatt sowie die Bambusstäbe aufkleben. Das Gesteck mit Efeuranken und Knöterich umschlingen.

Beschreibung Titelseite

Drahtreif, 18 cm ø
Wickeldraht
Blauzedernwacholderzweige
lila Kreppband
Notenblätter, eingerollt und als Kugeln geformt
2 lila Wachs-Rosen
Silber-Tropfen
Silberdraht
lila Aufhängeband, 0,60 m lang

Auf den Drahtreif einen Wulst und darauf mit Blauzedernwacholderzweigen einen gleichmäßigen Kranz binden. Das Aufhängeband anknoten. Die linke Kranzseite mit dem Kreppband umwickeln, und die Enden abknoten. Eine Notenrolle aufkleben. Die gegenüberliegende Kranzseite mit Tropfen, Rosen und Notenblättern individuell bekleben.

Beschreibung Umschlagrückseite

Drahtreif, 20 cm ø
Wickeldraht
Nobilistannenzweige
2 angedrahtete Kugelkerzen
bordeauxfarbene Seiden-Blumen
Musikinstrumente, 3 Notenblätter
4 Schleifen aus je 1,20 m Band
Goldbouillondraht

Auf den Wulst aus Grünresten mit Nobilistannenzweigen einen kompakten Kranz binden. Die beiden Kerzen zusammen mit je einer Schleife feststecken, und zwischen den Kerzen die Seidenblumen arrangieren. Die beiden restlichen Schleifen zusammen mit den Musikinstrumenten und Notenblättern auf der anderen Kranzhälfte anordnen. Mit Goldbouillondraht den Kranz mehrmals locker überziehen.

lila-melierter Keramiktopf, 14 cm ø
Steckschaum
lila Bambusstäbe, mit Golddraht umwickelt
lila Stoff-Rosen
Eibenzweige
2 lila Tillandsienkugeln, angedrahtet
Plumosus
lila Flaumfaser
2 Schleifen aus 2 m und 1,20 m Dekoband

Den Steckschaum leicht hügelförmig in den Keramiktopf einpassen und mit Wasser auffüllen. Im hinteren Topfteil Rosen und umwickelte Stäbe parallel anordnen. Rundum Eibenzweige und Plumosus einstecken. Im Vordergrund in unterschiedlichen Höhen die Tillandsienkugeln anbringen sowie kleine Flaumfaserbüschel dekorieren. Nun die beiden Schleifen befestigen.

Eine Auswahl weiterer Titel zum Thema **Floristik:**

Verena Philipp
Kränze einmal anders
Nichts scheint unmöglich beim Gestalten von Kränzen: Dem Kochfreak schenkt man einen Knoblauchkranz, dem Musiker gefällt der Notenblätterkranz. Unsere TOPP-Floristin hat überraschende Ideen und kombiniert Blumen und Gräser mit ausgefallenem Material.
48 S. mit vielen Farbfotos.
TOPP 1528 ISBN 3-7724-1528-8

Verena Philipp
Gestecke, Karten, Bilder. Arbeiten rund um die Floristik
Die Vielfalt neuer Materialien erlaubt es, neue Ideen zu entwickeln. Viel gestalterische Freiheit lassen die dekorativen Bilder zu, die Landschaften aus floristischem Material zeigen. Eine breite Modellpalette.
48 S. mit vielen Farbfotos.
TOPP 1491 ISBN 3-7724-1491-5

Anneliese Geiger
Raumschmuck aus getrocknetem Naturmaterial
Die Natur künstlerisch empfinden, das heißt auch, Naturmaterial zu sammeln und daheim neu zu komponieren.
Die Autorin gibt Tips zum Pflanzenarrangement.
Eine Hommage an die Natur und ein Schmuck fürs eigene Heim.
32 S. mit vielen Farbfotos.
TOPP 1507 ISBN 3-7724-1507-5

Stand 1992